Zeit ist Balsam

Leicht zu leben
ohne Leichtsinn,
heiter zu sein
ohne *Ausgelassenheit*,
Mut zu haben
ohne Übermut,
Vertrauen und
freudige Ergebung
zu zeigen
ohne tückischen Fatalismus –
das ist die *Kunst*
des Lebens.

Theodor Fontane

Zeit ist Balsam

Das kleine Buch der Lebenskunst

benno

Bibliografische Information der Deutschen Nationalbibliothek
Die Deutsche Nationalbibliothek verzeichnet diese
Publikation in der Deutschen Nationalbibliografie;
detaillierte bibliografische Daten sind im Internet unter
http://dnb.d-nb.de abrufbar.

Besuchen Sie uns im Internet:
www.st-benno.de

Gern informieren wir Sie unverbindlich und aktuell
auch in unserem Newsletter zum Verlagsprogramm,
zu Neuerscheinungen und Aktionen.
Einfach anmelden unter www.st-benno.de

ISBN 978-3-7462-5396-1

© St. Benno Verlag GmbH, Leipzig
Zusammenstellung: Volker Bauch, Gößnitz
Umschlaggestaltung:Ulrike Vetter, Leipzig
Gesamtherstellung: Kontext, Lemsel (A)

INHALT

Worte von der
Lebenskunst

Aber die *Kunst* der Lebensführung
besteht bekanntlich darin,
mit gerade so viel *Dampf* zu fahren,
wie gerade da ist.

Über die Schönheit

Alles moderne Patente, was doch so sehr was anderes als Schönheit ist, ist mir von jeher unausstehlich oder mindestens sehr langweilig gewesen, während alles Krumme und Schiefe, alles Schmustrige, alles grotesk Durcheinandergeworfene von Jugend auf einen großen Reiz auf mich ausgeübt hat. Nur keine linearen Korrektheiten, nur nicht Symmetrisches oder Blankpoliertes oder gar Anti-Macassars. Ich habe eine grenzenlose Verachtung gegen das, was man so landläufig „hübsch" nennt, und eine womöglich noch größere gegen sogenannten „Komfort", der jedesmal der höchste Diskomfort ist, den es gibt.

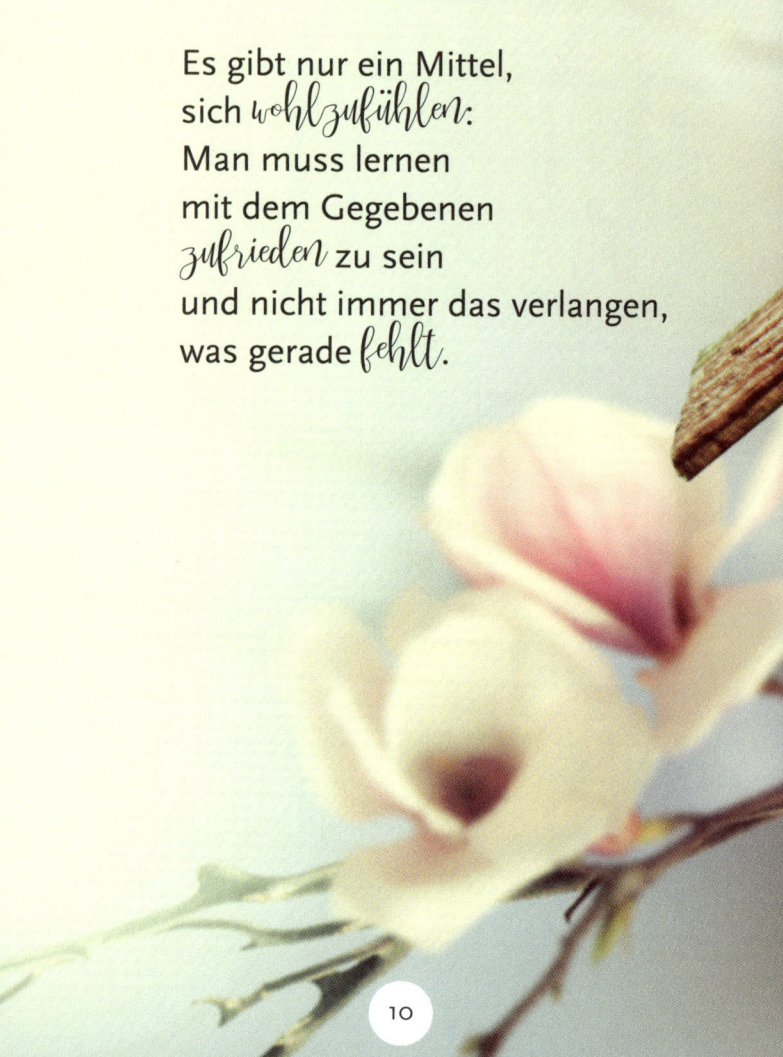

Es gibt nur ein Mittel,
sich *wohlzufühlen*:
Man muss lernen
mit dem Gegebenen
zufrieden zu sein
und nicht immer das verlangen,
was gerade *fehlt*.

Lebenskunst

Denn die Kunst des
Lebens, genau wie
in der Politik, ist die,
recht viele Eisen im
Feuer zu haben, ver-
sagt das eine den
Dienst, so nimmt man
ein anderes; es ist im-
mer gefährlich alles auf
eine Karte zu stellen.
Bei sieben Karten mit
mäßigem Einsatz wird
man nie das Höchste
erreichen, aber in der
Regel auch nicht dem
Niedrigsten verfallen.

Nichts *Glückes* bar sind deine Lenze,
Du forderst nur des Glücks zu viel,
Gib deinem *Wunsche* Maß und Grenze,
Und dir entgegen kommt das *Ziel*.

Wir warten.
Das ist überhaupt das *Beste*,
was der Mensch tun kann.
Zeit, Zeit. Die Zeit bringt alles.

So und nicht anders

Die Menschen kümmerten mich nicht viel,
eigen war mein Weg und Ziel.

Ich mied den Markt, ich mied den Schwarm,
andere sind reich, ich bin arm.

Andere regierten (regieren noch),
ich stand unten und ging durchs Joch.

Entsagen und lächeln bei Demütigungen,
das ist die Kunst, die mir gelungen.

Und doch, wär's in die Wahl mir gegeben,
ich führte noch einmal dasselbe Leben.

Und sollt' ich noch einmal die Tage beginnen,
ich würde denselben Faden spinnen.

Der Bücher- und *Literatur-wurm*, und wenn er noch so gut und auch so *gescheit* ist, ist doch immer nur eine *Freude* für sich selbst, für sich und eine Handvoll Menschen. Die Welt geht darüber hinweg und lacht dem *Leben* und der *Schönheit* zu.

Je älter ich werde, desto tiefer empfinde ich, alles ist Glück und Gnade, das Kleine so gut wie das Große. Der verdrehte Pastor B. hatte recht, wenn er betete: „Gott, lass heute die Sonne scheinen; meine Frau hängt heute Wäsche auf." Natürlich ist es frech und kindisch, den lieben Gott mit solchen Gebeten zu inkommodieren, aber das ist richtig, dass wir nichts in unserer Hand haben und dass wir von Minute zu Minute von einer Rätselmacht abhängig sind, die uns streichelt oder schlägt. Daher ist das mir Widerstrebendste, Ängstigendste das Vorsehungspielenwollen so vieler Leute. Gott lässt sich nicht hineinpfuschen.

Aber – ich bin kein *Genie*.
In Erwägung dessen
werde ich einen
bescheideneren *Kurs*
innehalten.

Das *Beste* aber,
dem du begegnen wirst,
das werden die *Menschen* sein,
vorausgesetzt, dass du dich
darauf verstehst,
das *rechte Wort* für den
„einfachen Mann" zu finden.

Schönheit des Lebens

Etwas ganz besonderes
Schönes im Leben ist doch
das Vertrauen, und wenn's
auch bloß ein Piepvogel ist,
der's einem entgegenbringt.
Einige haben eine Schwarze
Milz und sagen: alles sei
von Anfang an auf Mord
und Totschlag eingestellt.
Ich kann es aber nicht finden.

Ich habe
mein ganzes
späteres *Leben*
nach dem Satz
eingerichtet,
dass vier
ausgeschlafene Stunden
besser sind als
zwölf müde.

Die Gnade Gottes

Was entscheidet, ist doch immer die Gnade Gottes. Und diese Gnade Gottes, sie geht ihre eigenen Wege. Es bindet sie keine Regel, sie ist sich selber Gesetz.
Sie baut wie die Schwalben an allerlei Häusern, an guten und schlechten, und wenn sie an den schlechten baut, so sind es keine schlechten Häuser mehr.
Ein neues Leben hat Einzug gehalten.

Ruhm und Größe sind meist mehr eine Annahme als eine *Wirklichkeit* und ist die Wirklichkeit auch wirklich mal da, so mischt sich so vieles mit ein, was die ganze *Herrlichkeit* wieder balanciert.

Alles lässt sich nicht zwingen,
und die *Kunst* des Lebens
läuft darauf hinaus,
von zwei Übeln
das *kleinere* zu wählen.

Gewissenhaft und gerecht

Männer sind immer gewissenhafter und gerechter, aber ihre Gewissenhaftigkeit und Gerechtigkeit läuft auf Kleinkram oder, wenn dies zu hart ist, auf „Nummer für Nummer" heraus. Kluge Frauen gehen immer aufs Ganze, irren im Einzelnen, aber treffen den Kern. Intuition geht über Studium.

Wer seinen eignen

Weg geht,

begegnet immer

Widerspruch.

Aber man muss es

eben riskieren.

Wer nicht *wagt*,

gewinnt nicht.

Alles ist Glück

Du kennst meinen Lieblings-satz: „Ich habe das Klügste scheitern und das Dümmste gelingen
sehen." Nichts ist vorher zu berechnen, alles ist Glück, Bestimmung, oder anständi-ger ausgedrückt, Gottes Wil-le. Und dabei gibt es nichts Großes oder Kleines. Es gibt nicht eine Situation, die wir uns aussuchen, oder wenn wir sie uns aussuchen, nach unserem Wunsch und Gefal-len gestalten können. Jeder glückliche Augenblick ist eine Gnade und muss zum Danke stimmen.

Ich bin so *alt*,
dass ich von nichts
tiefer *überzeugt* bin
als von der Wackligkeit des Urteils,
also auch des eigenen,
vielleicht das eigene in *erster Reihe*.

Jedes Land, jede
Gesellschaft,
jedes Lebensalter,
jedes Verhältnis,
jedes Portemonnaie
fordert ein ganz
bestimmtes Benehmen und
die jedesmal entsprechende
Haltung zu treffen,
ist die recht eigentliche
Lebensklugheit.

Heilige Unordnung

Könnten Sie das Schlachtfeld sehn,
als welches ich meinen von Briefen,
Karten, Blättern, Zeitungen,
Manschettenknöpfen, Fotografien
und Hustenpastillen überdeckten
Schreibtisch wohl bezeichnen darf,
so würden Sie mir verzeihen.

Erst unter Kuss und Spiel und Scherzen
erkennst du ganz was Liebe heißt;
o lerne denken mit dem Herzen,
und lernen fühlen mit dem Geist.

Man muss *ärger* aushalten können; wenn man es nicht kann, wenn man ihm überall aus dem Wege geht, so erreicht man nichts. Bei Frauen mag dies nur halb zutreffen, oder noch weniger als halb, bei Männern ist es wichtig.

Das Gute ist doch das Beste,
wenn auch das Beste
des Guten Feind ist.

Meiner Natur nach bin ich *Optimist*;
aber ich habe zwei Augen im Kopf
und meine *Erfahrungen*
haben schließlich
meine *Neigungen* korrigiert.

Zuspruch

Such nicht immer, was dir fehle,
Demut fülle deine Seele,
Dank erfülle dein Gemüt.
Alle Blumen, alle Blümchen,
und darunter auch ein Rühmchen,
haben auch für dich geblüht!

Wer *ausdauert*,
erreicht alles.

Ein Segen

Bestimmte Beschäftigung ist an und
für sich schon ein Segen, kommt
nun noch ein Gefühl der Pflicht-
erfüllung und einer dadurch gewon-
nenen Freiheit und Selbstständigkeit
hinzu, so hat man zwar nicht alles
Glück, aber doch ein gut Teil davon.

Je pauvrer
die Gegend,
desto besser
das *Buch*.

Zeit ist ein Geschenk

Du weißt, dass ich das aufrichtige Streben habe, mir eine bescheidene Position in der Welt zu erringen – eine Stellung, die mich und die Meinigen ernährt. Dazu ist Arbeit, Tätigkeit, Lernen unerlässlich nötig, und zwar rasch und mit Aufgebot aller Kraft, weil ich verhältnismäßig alt bin und keinen Tag mehr zu verlieren habe.

Die *Deutschen* mit ihrer „ewigen Ordnung" kann ich nicht als das Ideal der *Schöpfung* ansehen. Es ist gerade gut genug für den Alltag und – die Langeweile.

Auf Reisen

Man kann alle Reisenden in zwei Charakterklassen teilen: in freundliche Sanguiniker, die überall sehen und auch sehen wollen, wodurch sich die Fremde vorteilhaft von ihrer Heimat unterscheidet, und in leberkranke Nörgler, die sich zu Hause eine Vortrefflichkeitsschablone zurechtgemacht haben und über alles verstimmt sind, was davon abweicht. Wir gehören zur ersteren Klasse, wofür Gott gedankt sei; aber sie bleibt doch sehr an der Oberfläche hängen und ist hinterher umso verstimmter, wenn sich zeigt, dass auch nicht alles Gold ist, was glänzt. Zudem spielt das Glück auch hier mit. Es gibt unter den vielen Glücks oder Glücken auch ein ganz bestimmtes Reiseglück; manche haben's nie, andere immer.

Nicht verzagen

Du darfst missmutig nicht verzagen,
in Liebe nicht noch im Gesang,
wenn mal ein allzu kühnes Wagen,
ein Wurf im Wettspiel dir misslang.

Wes Fuß wär' niemals fehlgesprungen?
Wer lief nicht irr' auf seinem Lauf?
Blick hin auf das, was dir gelungen,
und richte so dich wieder auf.

Vorüber ziehn die trüben Wetter,
es lacht aufs Neu der Sonne Glanz,
und ob verwehn die welken Blätter,
die frischen schlingen sich zum Kranz.

Wenn man älter wird, so lernt man eben einsehen, dass man von einem Menschen nicht alles verlangen kann und dass man zufrieden sein muss, wenn ein Weinstock Trauben trägt. In jüngeren Jahren verlangt man auch noch Erd- und Himbeeren dazu, womöglich gleich mit Schlagsahne.

Trost

Tröste dich, die Stunden eilen,
und was all dich drücken mag,
auch das Schlimmste kann nicht weilen,
und es kommt ein andrer Tag.

In dem ewigen Kommen, Schwinden,
wie der Schmerz liegt auch das Glück,
und auch heitre Bilder finden
ihren Weg zu dir zurück.

Harre, hoffe. Nicht vergebens
zählest du der Stunden Schlag:
Wechsel ist das Los des Lebens
und – es kommt ein andrer Tag.

Humor ist
rechtes Glück

Sei heiter, es ist gescheiter.

Mit Humor

Ein ganzer voller Humor
aber kann mit und vor der
Kritik selten bestehen.
Es gehört eine wenigstens
momentane Kritiklosig-
keit dazu, einerseits, um
humoristisch sein
zu können, andererseits,
um Humor anderer zu
genießen.

Vieles kann
man *entbehren,*
wenn man zweiererlei hat:
Schlaf und Abwesenheit
von Ärger.

Sei heiter

So banne dein Ich in dich zurück
und ergib dich und sei heiter;
was liegt an dir und deinem Glück?
Es kribbelt und wibbelt weiter.

Sei *heiter*!
Es ist gescheiter,
als alles *Gegrübel*;
Gott hilft weiter –
zur *Himmelsleiter*
werden die Übel.

Der *Humor* hat das Darüberstehen,
das heiter-souveräne *Spiel*
mit den Erscheinungen dieses *Lebens*,
auf die er herabblickt, zur Voraussetzung.

Von der Selbstironie

Ohne einen feinen Beisatz

von Selbstironie

ist jeder Mensch

mehr oder weniger ungenießbar.

Daher gibt es

so viele ungenießbare.

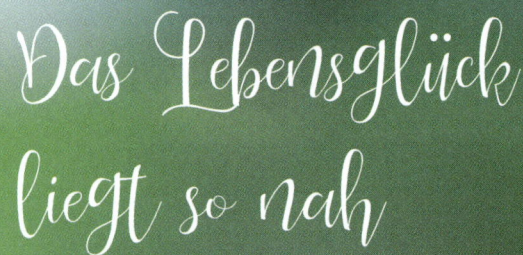

Das Lebensglück
liegt so nah

Dem Glücklichen
schlägt keine Stunde.

Alles hat seine Zeit

Und dieses Wort, seit langer Frist,
Mir immer in Erinnerung ist.
Ich seh' das Rennen,
ich seh' das Jagen
Und wenn mich die Menschen
umdrängen und fragen:
„Was tust du nicht mit?
Warum stehst du beiseit'?"
So sag' ich: „Alles hat seine Zeit.
Auch die Jagd nach dem Glück.
All derlei Sachen,
Ich lasse sie längst
durch andere machen."

Wenn man *Glücklich* ist,

soll man nicht noch

Glücklicher sein wollen.

Vom Lebensglück

Das Glück, kein Reiter
wird's erjagen,
Es ist nicht dort,
es ist nicht hier;
Lern überwinden,
lern entsagen,
Und ungeahnt
erblüht es dir.

Glücklich machen
ist das höchste Glück.
Aber auch dankbar
empfangen können
ist ein Glück.

Vom Glücklichsein

Ich denke, dem Glücklichen schlägt keine Stunde, und er soll die glückliche Stunde nicht abkürzen, auch nicht auf die Gefahr hin, dabei einmal unpünktlich zu sein. Aber wenn er es zu müssen glaubt, gut. Ich habe nichts dagegen. Er wird sich dann aber aus der Schar der Glücklichen wegstehlen, ohne nach der Uhr gesehen zu haben, oder doch nur ganz still, ganz leise, ganz heimlich und diskret.

Es gibt vielerlei *Glück*,
und wo dem einen Disteln blühen,
blühen dem andern *Rosen*.
Das Glück besteht darin,
dass man da steht,
wo man seiner *Natur* nach
hingehört.

Vom Glück

Denn wenn ich auch
nicht ganz bestreiten will,
dass es Pechvögel gibt,
so gilt doch vom Glück
im Ganzen dasselbe
wie vom Gold:
Es liegt auf der Straße,
und der hat's, der's zu
finden und aufzuheben
weiß.

Überlass es der Zeit

Erscheint dir etwas unerhört,
Bist du tiefsten Herzens empört,
Bäume nicht auf,
versuch's nicht mit Streit,
Berühr es nicht,
überlass es der Zeit.
Am ersten Tag
wirst du feige dich schelten,
Am zweiten lässt du
dein Schweigen schon gelten,
Am dritten hast du's überwunden;
Alles ist wichtig nur auf Stunden,
Ärger ist Zehrer und Lebensvergifter,
Zeit ist Balsam und Friedensstifter.

Sei *heiter* und vergnügt
und nimm teil an der *Freude*
der anderen.
Dabei fällt dann immer auch
etwas eigene *Freude* ab.

Umsonst

Immer rascher fliegt der Funke,
jede Dschunke und Spelunke
wird auf Wissenschaft bereist,
jede Sonne wird gewogen
und in Rechnung selbst gezogen,
was noch sonnenjenseits kreist.

Immer höh're Wissenstempel,
immer richt'ger die Exempel,
wie Natur es draußen treibt,
immer klüger und gescheiter,
und wir kommen doch nicht weiter,
und das Lebensrätsel bleibt.

Einfache Menschen sind eben von Natur einfach, sehr kluge aber müssen sich das Einfache als ein Höchstes erst wieder zurückerobern.
Diese gewonnene Einfachheit ist dann aber auch die echte, weil sie durchgeistigt ist.

Ein
bescheidenes
Glück –
die beste Form
des *Glücks*.

Die Frage bleibt

Halte dich still, halte dich stumm,
nur nicht forschen, warum? Warum?

Nur nicht bittre Fragen tauschen,
Antwort ist doch nur Meeresrauschen.

Wie's dich auch aufzuhorchen treibt,
das Dunkle, das Rätsel, die Frage bleibt.

Aber die *Lebenskunst* besteht darin,
sein Pulver nicht unnütz
und nicht in jedem *Augenblick*
zu verschießen.

Gottes Segen

Die Zehn Gebote, zu
denen ich mich freudig
bekenne, mögen mir
unbequem werden, und
die Heilslehre kann mir,
sei's durch meine Schuld
oder mein Schicksal,
ihren Dienst und ihren
Segen versagen, aber ich
kann nicht erschüttert
werden in meinem Glau-
ben an ihr Recht und
ihre Größe.

Es ist und
bleibt ein *Glück*,
vielleicht das *Höchste*,
frei atmen zu können.

Es ist gewagt,
gegen den *Strom*
zu schwimmen und
unter Wölfen
nicht zu heulen,
ich kenne so manche,
denen diese *Lebensregel*
heilig gilt, ich sehe sie
vom Glücke wie verfolgt
und bin doch zu *stolz*,
mich ihnen anzuschließen.

Von der Ehe

Man muss sich untereinander helfen, das ist eigentlich das Beste von
der Ehe. Sich helfen und unterstüt-
zen und vor allem nachsichtig sein
und sich in das Recht des anderen
einleben. Denn was ist Recht? Es
schwankt eigentlich immer. Aber
Nachgiebigkeit einem guten Menschen gegenüber ist immer recht.

So muss man leben!
Die kleinen Freuden aufpicken,
bis das große Glück kommt.
Und wenn es nicht kommt,
dann hat man wenigstens
die „kleinen Glücke" gehabt.

Von der Balance

Immer bloß Zaungast.
Und so ist es hier wieder.
Zum Glück balanciert
der Himmel alles
und die Blinden sehen
mit ihren Fingerspitzen.
Die Dinge beobachten
gilt mir beinah mehr
als sie besitzen
und so hat man schließlich
seinen Glück- und
Freude-Ertrag wie
anscheinend Bevorzugtere.

Liebe Ordnung

Ein alter Scriblifax wie ich müsste rundum gefächerte Regale haben, um Blätter und Journale hineinzu-tun, stattdessen wird alles auf einen Haufen geworfen und verschwindet dann allmählich wie die Peden- und Unkrauthaufen auf dem Felde.

Glück

Sonntagsruhe, Dorfesstille,
Kind und Knecht und Magd sind aus,
unterm Herde nur die Grille
musizieret durch das Haus.

Tür und Fenster bleiben offen,
denn es schweigen Luft und Wind,
in uns schweigen Wunsch und Hoffen,
weil wir ganz im Glücke sind.

Felder rings – ein Gottessegen
Hügel auf- und niederwärts,
und auf stillen Gnadenwegen
stieg auch uns er in das Herz.

Guter Rat

An einem Sommermorgen
da nimm den Wanderstab,
es fallen deine Sorgen
wie Nebel von dir ab.

Des Himmels heitere Bläue
lacht dir ins Herz hinein
und schließt, wie Gottes Treue,
mit seinem Dach dich ein.

Rings Blüten nur und Triebe
und Halme von Segen schwer,
dir ist, als zöge die Liebe
des Weges nebenher.

So heimisch alles klinget
als wie im Vaterhaus,
und über die Lerchen schwinget
die Seele sich hinaus.